BEI GRIN MACHT SICH IHR WISSEN BEZAHLT

- Wir veröffentlichen Ihre Hausarbeit,
  Bachelor- und Masterarbeit

- Ihr eigenes eBook und Buch -
  weltweit in allen wichtigen Shops

- Verdienen Sie an jedem Verkauf

Jetzt bei www.GRIN.com hochladen
und kostenlos publizieren

IT-Prozesse im Wandel. Ein Leitfaden für das Upgrade von ITIL v3 auf ITIL 4

Bibliografische Information der Deutschen Nationalbibliothek:

Die Deutsche Nationalbibliothek verzeichnet diese Publikation in der Deutschen Nationalbibliografie; detaillierte bibliografische Daten sind im Internet über http://dnb.d-nb.de abrufbar.

ISBN: 9783346453372
Dieses Buch ist auch als E-Book erhältlich.

© GRIN Publishing GmbH
Nymphenburger Straße 86
80636 München

Druck und Bindung: Books on Demand GmbH, Norderstedt Germany
Gedruckt auf säurefreiem Papier aus verantwortungsvollen Quellen

Das Buch bei GRIN: https://www.grin.com/document/1034470

Prozesse im Wandel – Ein Leitfaden für das Upgrade von ITIL v3 auf ITIL 4

Projektarbeit

Sommersemester 2020

Inhalt

Abbildungsverzeichnis

Abkürzungsverzeichnis

CCTA...Central Computing and Telecommunications Agency
CMP .... Cloud Management Plattform
CO ....Cabinet Office
COBIT .... Control Objectives for Information and Related Technology
ISO .... Internationale Organisation für Normung
ITIL .... Information Technology Infrastructure Library ®
ITSM.. IT-Service-Management
MP .... Managing Professional
SP... Strategic Leader
SVS .... Service Value System

1 Einleitung

1.1 Problemstellung des Teams

Atos Information Technology GmbH ist ein IT-Dienstleister, der sich unteranderem auf IT-Beratung spezialisiert hat. Um den Kunden die optimalen Produkte präsentieren zu können, wurde eine Abteilung, das sognannte „Regional Solution Center", mit dem Entwerfen von IT-Lösungen und Services betraut. Das Center ist in unterschiedliche Teams gegliedert, welche sich auf bestimmte IT-Themen konzentrieren.

Eines der Teams ist für das Gebiet IT-Governance und Prozesse zuständig. Es versucht durch das gezielte Einsetzen von Verfahrensweisen und Methoden das Unternehmen so zu unterstützen, dass die Unternehmensprozesse optimiert und die Ressourcen gewinnbringend genutzt werden können. Werkzeuge, die dabei zum Einsatz kommen, sind hauptsächlich die „Best Practices" von ITIL, da sie an jeden Kunden nach Bedarf angepasst werden können und sich bereits in der Praxis etabliert haben.

Zu Beginn der 80er Jahre wurde die Information Technology Infrastructure Library (ITIL) entworfen und hat sich seitdem stetig an den Wandel in der IT angepasst. So auch im Jahr 2019, als die Version 4 das bis dahin geltende ITIL v3 ablöste. Nun stehen IT-Berater vor der Herausforderung beide Versionen zu studieren und die bedeutenden Unterschiede herauszuarbeiten.

1.2 Zielsetzung und Aufbau der Arbeit

Ziel der Arbeit ist es, die Unterschiede zwischen den ITIL-Versionen hervorzuheben und somit dem Team zu verdeutlichen, welche Prozesse im Unternehmen betroffen sind und wie die Änderungen, aufbauend auf den ITIL v3 Practices, umgesetzt werden können. Aufgrund dieser Arbeit kann das Team die Prozesse schnellstmöglich anpassen und dem Kunden weiterhin die modernsten und besten Lösungen bieten.

Die Arbeit ist in fünf Bereiche unterteilt. Zu Beginn der Arbeit wird die Problemstellung des Teams beleuchtet. Anschließend wird darauf eingegangen, was ITIL ist und wie es sich im Laufe der Zeit weiterentwickelte. Um nun das Problem zu lösen, wird die aktuelle ITIL 4 Version der Version ITIL v3 gegenübergestellt. Hierbei wird ein besonderer Blick auf den Aufbau und den Inhalt der jeweiligen Version geworfen. Danach werden die Unterschiede hervorgehoben. Um eine Handlungsempfehlung für das Team aussprechen zu können, wird erörtert, welche Änderungen sich ergeben und wie man diese im Unternehmen umsetzen kann. Abschließend wird ein Fazit gezogen und die Ergebnisse reflektiert.

2 Grundlagen

2.1 Definition von ITIL

Durch die Nutzung von betrieblichen Informationssystemen und Technologien konnte man im Laufe der letzten Jahrzehnte einen Wandel in der Geschäftswelt beobachten. Die bisher allgegenwärtigen und etablierten Wertschöpfungsmodelle wurden revolutioniert und der Begriff des IT-Service Management ist präsenter denn je.[1] Um die vorhandenen Fähigkeiten und Ressourcen gewinnbringend nutzen zu können, gibt es unterschiedliche Herangehensweisen an das IT-Service Management. In der Praxis hat sich vor allem der Ansatz von ITIL etabliert. ITIL stellt eine historisch geprägte, stetig wachsende Bibliothek dar, die Unternehmen einen Leitfaden zur Umsetzung von IT-Services bietet. Das Sammelwerk basiert auf jahrelangen Erfahrungen und Empfehlungen von Unternehmen, welche sich im Laufe der Zeit zu dem sogenannten „Best Practices" - Ansatz entwickelt haben.[2] ITIL stellt mit den Best Practices lediglich ein Fundament zur Verfügung, dass beliebig und individuell an die Bedürfnisse des eigenen Unternehmen angepasst werden kann und beschreibt keinen optimalen, allgemeingültigen Weg.[3] Die Zielsetzung von ITIL ist es, die Unternehmen bestmöglich dabei zu unterstützen Prozesse zu implementieren, welche „die Services optimal auf die Anforderungen aus dem Business abzustimmen und regelmäßig auf die optimale Unterstützung der Geschäftsprozesse zu überprüfen".[4]

2.2 Historie von ITIL

In den letzten Jahrzehnten hat sich die Bibliothek immer weiterentwickelt. Die nachfolgende Übersicht, gewährt einen Überblick über die Versionen, welche im Nachgang erläutert werden.

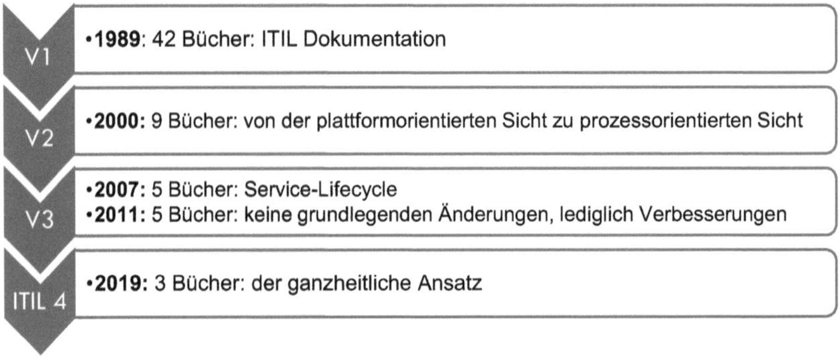

V1
- **1989**: 42 Bücher: ITIL Dokumentation

V2
- **2000**: 9 Bücher: von der plattformorientierten Sicht zu prozessorientierten Sicht

V3
- **2007**: 5 Bücher: Service-Lifecycle
- **2011**: 5 Bücher: keine grundlegenden Änderungen, lediglich Verbesserungen

ITIL 4
- **2019**: 3 Bücher: der ganzheitliche Ansatz

Abbildung 1 - eigene Darstellung

---

[1] Vgl. (Buchta, et al., 2009 S. Vorwort)
[2] Vgl. (Beims, et al., 2015 S. 12)
[3] Vgl. (Bucksteeg, et al., 2012 S. 21)
[4] Vgl. (Beims, et al., 2015 S. 12)

Version 1

Die Entstehung von ITIL ist auf die 1980er Jahre zurückzuführen, als die britische Regierung die Abteilung Central Computing and Telecommunications Agency (CCTA) damit betraute, die Qualität und Kosten im IT-Bereich der Regierung zu verbessern.[5] Die erfolgreichsten Methoden wurden in einem Katalog zusammengeführt, der die Grundlage für die heute gültigen Best Practices bildet.[6] 1989 veröffentlichte das Cabinet Office (CO) eine Ansammlung von über 40 Büchern und schuf somit die erste Version von ITIL. [7]

Version 2

Durch den Wandel in der IT und die stetig wachsende Zielgruppe von ITIL war es nötig, die Version 1 zu überarbeiten und eine Version 2 zu schaffen. So wurde zwischen den Jahren 1999 und 2004 die Bücher der V1 modernisiert, angepasst und von 40 auf neun Bücher verschlankt.[8] Besondere Bedeutung erlangten die Bücher Service Delivery und Service Support. Diese thematisierten die erfolgreiche Bereitstellung und den Betrieb von IT-Diensten[9]. Aufgrund der Popularität der beiden Bücher haben die übrigen Veröffentlichungen an Aufmerksamkeit verloren. Diese umfassen:[10]

- The Business Perspective
- Planning to Implement Service Management
- Information and Communications Technology Infrastructure Management

- Application Management
- Security Management
- ITIL Small Scale Implementation

Ziel der Bücher war es, die Strukturen zu lockern und eine Möglichkeit zu schaffen, die IT erfolgreich im Unternehmen zu etablieren, um deren Wertschöpfungsmöglichkeit nutzen zu können. Hierzu sollte die bis dahin geltende plattformorientierte Sicht von der prozessorientierten Sicht abgelöst werden.

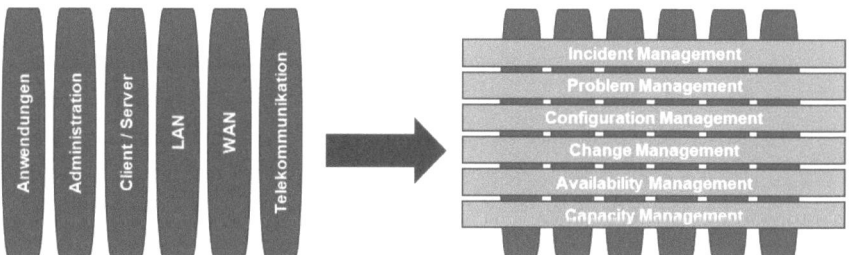

Abbildung 2 - in Anlehnung an (Ebel, 2014)

---

[5] Vgl. (Stewart, 2013)
[6] Vgl. (Ebel, 2014 S. 36)
[7] Ebd. (Ebel, 2014 S. 36)
[8] Vgl. (Bucksteeg, et al., 2012 S. 25)
[9] Vgl. (Ebel, 2014 S. 37)
[10] Ebd. (Ebel, 2014 S. 40 ff.)

Ziel war es, die Funktionsblöcke weiter zu öffnen, um die Vorteile der einzelnen Prozesse für das Unternehmen greifbar zu machen.[11] Die Thesen der ITIL V2 sind heute noch gültig, allerdings haben sie durch die Neuerungen ITIL v3 und ITIL 4 kaum noch Einsatz in Unternehmen.

Version 3 und ITIL 2011

Im Jahr 2007 wurde eine komplett überarbeitete Version von ITIL veröffentlicht. Diese wurde anschließend im Jahr 2011 erneut aktualisiert, um die Reflexionen und Kritiken von Experten und Anwendern an der Version 3 - 2007 umzusetzen. Die grundlegende Erneuerung der dritten Version besteht im Wandel von einer „Prozessgruppen ausgerichteten Sichtweise zu einem durchgängigen und vollständigen Service-Lebenszyklus"[12]. Hierbei werden alle Kernpublikationen abgebildet, die die Strategie, das Design, die Umsetzung, den Betrieb und den kontinuierlichen Verbesserungsprozess der Services thematisieren.[13] Die Strukturierung der Bücher folgt dem Demingkreis, welcher sich auch in der ISO 20000, dem Standard für Service Management wiederfindet. Durch die Einführung von ITIL v3 ist somit eine bessere Kompatibilität zwischen der ISO Norm und ITIL gegeben.[14] Des Weiteren wird in ITIL v3 die bereits aus ITIL V2 bekannten Prozessabläufe um zahlreiche neue Prozesse ergänzt. Diese Aktualisierung zeichnet sich besonders dadurch aus, eine stärkere Kundenorientierung bei der Erbringung der IT-Services zu schaffen: Ziel ist es, eine messbare positive Wertschöpfung für den Kunden zu erwirken und somit einen bedeutenden Mehrwert für das Unternehmen zu schaffen.[15] Eine weitere Neuerung ist die Einbindung von Frameworks wie zum Beispiel COBIT.[16]

Auf die Inhalte von ITIL v3 wird an dieser Stelle nicht näher eingegangen, da dieses Kapitel lediglich einen historischen Überblick gewähren soll und die Inhalte erst in den nachfolgenden Kapiteln weiter thematisiert werden.

ITIL 4

Die neueste Version von ITIL, ITIL 4 wurde 2019 veröffentlicht. Mit der Neuerung werden die Entwicklungen im Bereich der Technologien, vor allem die digitale Transformation und Änderungen im Service Management aufgegriffen. Der Service Lifecycle und die 26 Prozesse aus ITIL v3 werden, um den Unternehmen mehr Spielraum bei maßgeschneiderten Prozessen zu geben, entfernt und durch das ITIL Servicewertesystem und das vier-Dimensionen-Modell ersetzt.[17] Die genauen Inhalte werden in Kapitel 3.3 und 3.4 näher erläutert.

---

[11] Vgl. (Ebel, 2014 S. 37)
[12] (Ebel, 2014 S. 42)
[13] Vgl. (Beims, et al., 2015 S. 17 ff.)
[14] Ebd. (Beims, et al., 2015 S. 230)
[15] Vgl. (Ebel, 2014 S. 43)
[16] Vgl. (Buhl, et al., 2008 S. 52)
[17] Vgl. (AXELOS, 2019 S. 17 f.)

3 ITIL v3 vs. ITIL 4

In diesem Kapitel soll auf die einzelnen Merkmale der beiden ITIL Versionen ITIL v3 und ITIL 4 eingegangen werden. Anschließend werden die Unterschiede herausgearbeitet und die bedeutendsten Veränderungen benannt.

3.1 Struktur von ITIL v3

Bei der Umstellung von ITIL v2 auf ITIL v3, änderte sich die Struktur von einer prozessorientierten Darstellung zu einem Lebenszyklusmodell. ITIL orientiert sich bei der Darstellung dieser Struktur stark an dem Produktlebenszyklus eines IT Services, welcher von der Entstehung bis um Ausscheiden aus dem Betrieb reicht.[18] Ähnlich, wie beim Lebenszyklusmodell wird der Kreislauf in einzelne Phasen und hierfür charakteristische Eigenschaften unterteilt.

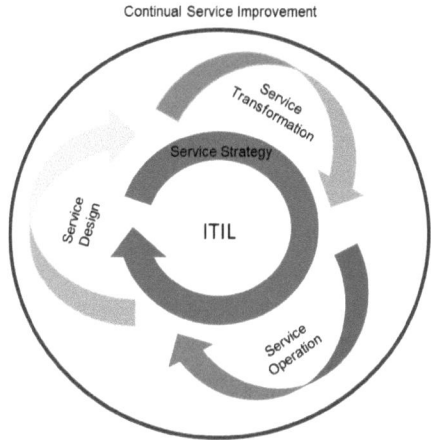

Continual Service Improvement

Abbildung 3 - in Anlehnung an (AXELOS, 2019)

Betrachtet man das Modell, fällt auf, dass die Funktionsweise ähnlich wie bei einem Rad mit Naben und Speichen funktioniert.[19] Das zentrale, in der Mitte befindliche Element, die Service Strategy sorgt dafür, dass sich bildlich gesehen das Rad dreht und die anderen Phasen in Bewegung setzt. Es gibt gewisse Richtlinien vor und sorgt somit für eine bestimmte Richtung. Die übrigen Phasen, das Service Design, die Service Transformation und die Service Operation drehen sich wie die Speichen des Rads um den Mittelpunkt. Das Continual Service Improvement umgibt alle anderen Phasen und treibt den Zyklus weiter an. Jedes einzelne Buch von ITIL v3 thematisiert eine Phase und deren zugehörige Prozesse und Eigenschaften. Diese werden als Kernpublikationen bezeichnet.

---

[18] Vgl. (Schäfer, o.D)
[19] Vgl. (Ebel, 2014 S. 19 f.)

3.2 Inhalte von ITIL v3

In diesem Kapitel sollen die Kernpublikationen und deren Inhalte erläutert werden. Auf die Inhalte der einzelnen Prozesse wird nicht näher eingegangen, da in Kapitel 3.5 die Änderungen der Prozess thematisiert werden, die für die Abteilung von Relevanz sind.

3.2.1 Service Strategy

Die Publikation Service Strategy ist der Startpunkt und auch die weitere Unterstützung für alle Aktivitäten im Service Lifecycle.[20] In dieser Phase wird entworfen, in welche Richtung sich das Unternehmen und die IT langfristig wandeln möchte, hierbei wird darauf geachtet, dass sich jede Stufe des Service Lifecycle an dieser IT-Strategie orientiert und teilnimmt.[21] Des Weiteren werden einzelne Teilziele definiert, die das Gesamtkonzept stärken. Eine weitere wichtige Aufgabe ist das Betrachten der Chancen und Risiken. Zur Unterstützung der Strategie wurden folgende Prozesse entwickelt:

- Strategy Management for IT Services
- Financial Management for IT Services
- Business Relationship Management
- Demand Management
- Service Portfolio Management

3.2.2 Service Design

Das Service Design ist für die Gestaltung, Präzisierung und Umsetzung der Strategie zuständig. Somit wird eine anforderungsgerechte, wirtschaftliche und kundenspezifische Umsetzung des IT Service sichergestellt, die in der nächsten Phase in den operativen Betrieb übernommen werden kann.[22] Als die Fortführung des Strategiebuchs gibt ITIL eine „Anleitung und Empfehlungen für die Gestaltung und die Entwicklung von IT-Services und der dazugehörigen Aspekte".[23] Die Gesichtspunkte des Service Design sind die Gestaltung der Anwendungen, Infrastruktur, Personal und Informationen. Das Service Design definiert folgende Prozesse:

- Information Security Management
- Service Cataloque Management
- Service Level Management
- IT Service Continuity Management
- Availability Management
- Capacity Management
- Design Coordination
- Supplier Management

3.2.3 Service Transition

In der Phase der Service Transition, werden die bereits durchgeführten Aufgaben der Strategy und des Designs fortgeführt. Ziel ist es, alle Aufgaben und Prozesse so zu koordinieren,

---

[20] Vgl. (Bucksteeg, et al., 2012 S. 21)
[21] Vgl. (Beims, et al., 2015 S. 17)
[22] Vgl. (Buhl, et al., 2008 S. 20)
[23] (Ebel, 2014 S. 22)

dass ein vollständiges, kundenspezifisches und getestetes Release entsteht, welches auf dem Produktivsystem des Kunden etabliert werden kann.[24] Hierbei muss ein Release nicht immer einen komplett neuen Service beinhalten, sondern kann auch nur aus Änderungen vorhandener Services bestehen. Folgende Prozesse sind in der Service Transition verankert:

- Transition Planning and Support
- Change Management
- Service Asset and Configuration Management
- Release and Deployment Management

- Service Validation and Testing
- Change Evaluation
- Knowledge Management

3.2.4 Service Operation

Nachdem der IT-Service im Produktivsystem umgesetzt wurde, beginnt der Aufgabenbereich der Service Operation, welcher auch oft als Regelbetrieb bezeichnet wird. Dieser Bereich des Lebenszyklus wird vermehrt vom Anwender wahrgenommen und wird deshalb auch „Moment of Truth" genannt. Dieser sagt so viel aus, wie dass es sich um den ersten Moment handelt, in dem man unter Garantie sagen kann, dass der Service den Anforderungen des Kunden gerecht wird und effizient arbeitet.[25] Der Prozess behandelt alle Aufgaben, die im laufenden Tagesgeschäft anfallen, wie die Erbringung von Betriebsaufgaben oder dem Lösen von Problemen. Um die Aufgaben erfolgreich umzusetzen, wurden folgende Prozesse definiert:

- Event Management
- Incident Management
- Request Fulfilment
- Problem Management

- Application Management (Funktion)
- Technical Management (Funktion)
- IT Operations Management (Funktion)
- Service Desk (Funktion)

3.2.5 Continual Service Improvement

Das letzte Buch von ITIL v3 thematisiert das Continual Service Improvement, welches die anderen Publikationen ständig umgibt. Es bietet Werkzeuge und Anleitungen, um die stetige Verbesserung aller Thematiken innerhalb des Lebenszyklus aufrechtzuerhalten. Durch das Erkennen von Erfolgen und Misserfolgen können wertvolle Informationen gewonnen werden, die die Qualität und Effizienz der Services sicherstellt.[26] Das Buch definiert lediglich einen

---

[24] Vgl. (Bucksteeg, et al., 2012 S. 22)
[25] Vgl. (Ebel, 2014 S. 604)
[26] Vgl. (Bucksteeg, et al., 2012 S. 22)

Prozess, den sogenannten „Seven Step Improvement Process", der eine Herangehensweise zur kontinuierlichen Verbesserung bietet.[27]

Die nachfolgende Abbildung soll die einzelnen Schritte des siebenteiligen Prozesses aufzeigen.

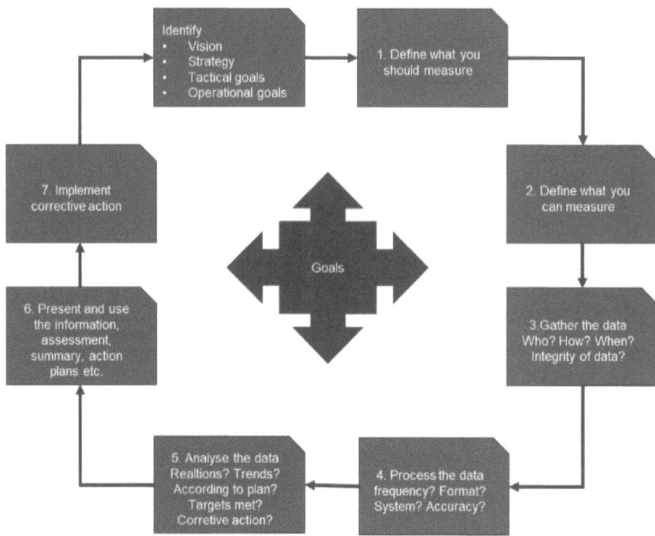

Abbildung 4 - in Anlehnung an (Adems, 2009)

3.3 Struktur von ITIL 4

Im Jahr 2019 wurde eine neue Version von ITIL veröffentlicht. Anders als bei ITIL v3 steht nun nicht mehr der Service Life Cycle im Mittelpunkt, sondern ein ganzheitlicher Ansatz der das "End-to-End"-Service-Management darstellt. Dies wird durch eine Kombination des Servicewertesystems und dem Vier-Dimensionen-Modell erreicht, welches im folgenden Abschnitt erörtert wird.

3.3.1 Servicewertesystem

In ITIL 4 wird beschrieben, dass das Servicemanagement nur ordnungsgemäß agieren kann, wenn es wie ein ineinandergreifendes System arbeitet. Aus diesem Grund wurde das Servicewertesystem (engl. Service Value System - SVS) entworfen. Es wird so definiert, dass „alle Komponenten und Aktivitäten einer Organisation zusammenwirken, um Wertschöpfung zu erzielen".[28] Da jedes Wertesystem Schnittstellen zu anderen Organisationen bietet, bildet sich eine Art Ökosystem, welches die Wertschöpfung für alle Beteiligten erhöhen kann. Des

---

[27] Vgl. (Adems, 2009 S. 162)
[28] (AXELOS, 2019 Abs. 172)

Weiteren ist es so aufbaut, dass die Komponenten flexibel kombiniert und verschoben werden können und so eine Anpassung an Veränderungen möglich ist.[29]

ITIL stellt mit dem SVS ein Hilfsmittel zur Verfügung, welches Service Provider bei der Erzeugung, Bereitstellung und stetigen Verbesserung der Services hilft.

Das Modell ist in fünf Schlüsselaktivitäten gegliedert deren Zusammenarbeit durch die nachstehende Grafik verdeutlicht werden soll und anschließend erläutert wird.

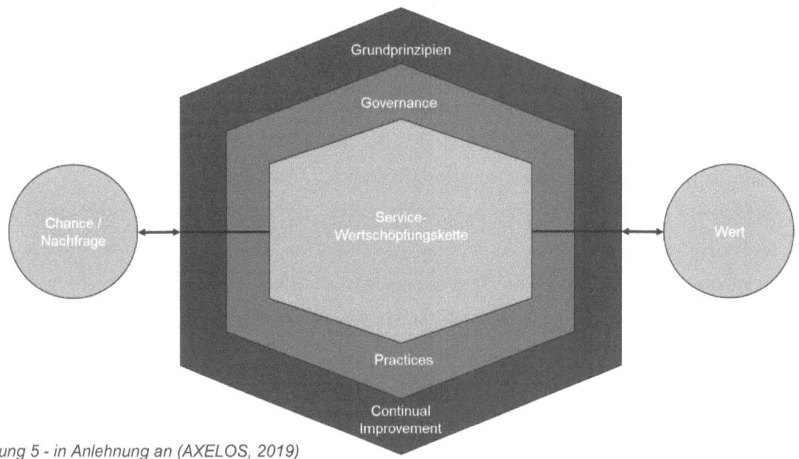

Abbildung 5 - in Anlehnung an (AXELOS, 2019)

Die sieben Grundprinzipien

Die Grundprinzipien bieten eine Empfehlung, die für die Organisation beständig und universell einsetzbar sind. Sie agieren als Leitprinzip und sind unabhängig von Zielen, Änderungen oder Arbeitsweisen verwendbar.[30]

Die Governance

Die Governance stellt das Führungsorgan des Systems dar, es überwacht und steuert die Organisation und achtet darauf, dass Richtlinien zielführend umgesetzt werden.[31].

Die Service Wertschöpfungskette (Service Value Chain)

Die Wertschöpfungskette stellt das Herzstück des SVS dar. Es beschreibt ein Betriebsmodell, welches die zentralen Aktivitäten beinhaltet, die notwendig sind, um aus einer Nachfrage einen Wert zu generieren. Dies umfasst sowohl die Erzeugung, Lieferung aus auch die kontinuierliche Verbesserung. [32]

---

[29] Vgl. (AXELOS, 2019 Abs. 176)
[30] Ebd. (AXELOS, 2019 Abs. 186)
[31] Ebd. (AXELOS, 2019 Abs. 275)
[32] Ebd. (AXELOS, 2019 Abs. 280)

ITL Practices

Practices sind eine Reihe von organisatorischen Ressourcen, die zur Durchführung und Erreichung von Aufgaben dienen. Sie helfen bei der Transformation von Inputs in Outputs.[33]

Continual Improvement

Das Continual Improvement ist ein allumfassendes Modell, welches sowohl das gesamte SVS als auch alle Produkte und Services umgibt. Es wird von allen Organisationseinheiten bewerkstelligt und trägt zur stetigen Verbesserung und Maximierung der Effizienz bei.[34]

3.3.2 Vier-Dimensionen-Modell

Um den ganzheitlichen Ansatz bestmöglich zu unterstützen, definierte ITIL vier Dimensionen des Servicemanagements. Dieser Ansatz versucht zu verdeutlichen, dass alle Dimensionen gleich wichtig sind und auch so behandelt werden sollen, dass am Ende eine maximale Effizienzsteigerung für Kunden und andere Stakeholder erreicht werden kann.[35] Um ein ausbalanciertes Wertesystem zu erreichen, ist es wichtig, dass keiner der Aspekte isoliert betrachtet wird und alle vier Dimensionen gleichermaßen fokussiert werden. Des Weiteren gibt es externe Einflüsse, die einzelne Dimensionen einschränken und das Wertesystem beeinträchtigen, wie beispielsweise gesetzliche Vorschriften oder wirtschaftliche Aspekte.[36]

Organisation und Mensch

Diese Dimension hat die Aufgabe, dass die Beschaffenheit einer Organisation so gestaltet ist, dass es die Gesamtstrategie unterstützt.[37]

Information und Technologie

Die Dimension Information und Technologie umfasst das Wissen und die Kenntnisse, die nötig sind, um das Servicewertesystem zu verwalten [38]

Partner und Lieferanten

Partner und Lieferanten beschreibt die Dimension, die von außen an der Wertschöpfungskette beteiligt ist und somit einen Beitrag zur Wertschöpfung stiftet.[39]

Wertströme und Prozesse

Der letzte Aspekt definiert Aktivitäten, Arbeitsabläufe, Steuerungen und Verfahren, die nötig sind, um vordefinierte Ziele zu erreichen.[40]

---

[33] Ebd. (AXELOS, 2019 Abs. 349)
[34] Ebd. (AXELOS, 2019 Abs. 314)
[35] Ebd. (AXELOS, 2019 Abs. 123)
[36] Ebd. (AXELOS, 2019 Abs. 125)
[37] Ebd. (AXELOS, 2019 Abs. 128)
[38] Ebd. (AXELOS, 2019 Abs. 134)
[39] Ebd. (AXELOS, 2019 Abs. 151)
[40] Ebd. (AXELOS, 2019 Abs. 159)

3.4 Inhalte von ITIL 4

Die Inhalte von ITIL 4 werden in 34 sogenannten Practices spezifiziert. Diese sind so definiert, dass sie der Durchführung von Aufgaben dienen und helfen bestimmte Ziele zu erreichen. Gegliedert sind die Praktiken in drei unterschiedliche Kategorien. Sie enthalten Ressourcen, die auf den vier Dimensionen des Service Management basieren und unterstützen meist mehrere Aktivitäten der Service-Wertschöpfungskette.

3.4.1 Allgemeine Management-Praktiken

Die Praktiken, die aus dem allgemeinen Management resultierten, wurden aus den Bereichen der allgemeinen Unternehmensführung übernommen und dem Servicemanagement entsprechend angepasst. Zu ihnen gehören:[41]

- Architecture Management
- Continual Improvement
- Information Security Management
- Knowledge Management
- Measurement & Reporting
- Supplier Management
- Portfolio Management

- Project Management
- Relationship Management
- **Risk Management**
- Service Financial Management
- Strategy Management
- **Organizational Change Management**
- Workforce & Talent Management

3.4.2 Service-Management-Praktiken

Die Praktiken des Service Management wurden aus den erfahrenen und geschätzten Bereichen der ITSM-Branche entwickelt. Die Praktiken umfassen:[42]

- Availability Management
- Service Validation & Testing
- Service Request Management
- Service Level Management
- **Service Desk**
- Service Design
- Service Design
- Business Analysis
- Service Continuity Management

- Service Configuration Management
- Service Catalogue Management
- Release Management
- Problem Management
- Monitoring & Event Management
- IT Asset Management
- Incident Management
- Capacity & Performance Management
- Change Enablement

---

[41] Ebd. (AXELOS, 2019 Abs. 353)
[42] Ebd. (AXELOS, 2019 Abs. 353)

3.4.3 Technische Management-Praktiken

Praktiken, die dieser Kategorie angehören, wurden aus den Bereichen des Technologiemanagements übernommen und angepasst. Des Weiteren wurden etablierte Technologielösungen auf IT-Services umgestellt oder entsprechend erweitert. Die Praktiken thematisieren:[43]

- Deployment Management
- Software Development & Management
- **Infrastructure & Platform Management**

3.5 Unterschiede zwischen ITIL v3 und ITIL 4

Im folgenden Kapitel soll nun erläutert werden, wie sich die Strukturen und die Inhalte unterscheiden und welche essenziellen Änderungen auf die Abteilungen zukommen. Um dies zu verdeutlichen werden einige Prozesse und Praktiken gegenübergestellt.

3.5.1 Unterschiede in der Struktur

Betrachtet man die beiden ITIL Versionen bemerkt man, dass es sich bei der Einführung von ITIL 4 nicht um einen komplett neuen Ansatz des Servicemanagements handelt. Vielmehr wird das bestehende ITIL Framework erweitert. Man kann sagen, dass die grundlegenden Empfehlungen in ITIL v3 und ITIL 4 gleich sind, jedoch einen anderen Ansatz der Darstellung verfolgen. Während die Struktur von ITIL v3 durch eine Darstellung im Service-Lifecycle, orientiert am Plan-Do-Check-Act-Zyklus gekennzeichnet ist[44], zeichnet sich ITIL 4 durch das vier-Dimensionen-Modell und das SVS aus. Allerdings sind die verwendeten Inhalte nicht gänzlich neu. Blickt man auf das Vier-Dimensionen-Modell fällt auf, dass dies eine Neuerung ist. Allerdings wird auch das Service Management in ITIL v3 als systembasierter Ansatz[45] mit interagierenden Assets und Service-Komponenten beschrieben. Des Weiteren sind auch Mitarbeiter, Informationen, Technologie, Partner und Prozesse wichtige Aspekte, die in Prozessen von ITIL v3 immer wieder Eingang finden und auf denen Empfehlungen basieren. Vergleicht man den Service-Life-Cycle mit dem SVS fällt ins Auge, dass beide auf demselben Grundgedanken basieren. Basis ist ein Modell, was alle Aktivitäten einer Organisation vereint, um Wert zu schöpfen. Allerdings bedienen sich die zwei Versionen unterschiedlicher Darstellungsform. Die Phasen Stragety, Design, Transformation und Operation und deren Prozesse wurden im SVS aufgebrochen und bieten nun einen ganzheitlicheren Ansatz, der den Unternehmen mehr Raum bietet, um individuelle Modelle und Arbeitsweisen zu schaffen.[46] Der Bereich des Continual Service Improvement ist in beiden Versionen vorhanden und auch inhaltlich miteinander vergleichbar.

---

[43] Ebd. (AXELOS, 2019 Abs. 353)
[44] Vgl. (Ebel, 2014 S. 44)
[45] Vgl. (Beims, et al., 2015 S. 17)
[46] Vgl. (AXELOS, 2019 Abs. 176)

3.5.2 Unterschiede in den Inhalten

In ITIL v3 wurden die Inhalte des Service-Life-Cycle in 26 Prozessen konkretisiert, diese wurden nun in ITIL 4 von 34 Praktiken abgelöst. Vergleicht man die einzelnen Prozesse mit den Praktiken, sticht hervor, dass einige kleine Änderungen vorgenommen wurden und auch einige neue Praktiken, die in ITIL v3 inhaltlich nicht thematisiert wurden, dazu gekommen sind. ITIL 4 schreibt keine Prozesse vor, die zwingend zu implementieren sind, sondern bietet dem Service Provider mehr Raum für Gestaltungsfreiheit. Im Folgenden soll nun auf die Änderung einiger Inhalte eingegangen werden, die für die Abteilung von besonderer Bedeutung sind.

Organizational Change Management

Die Organizational Change Management Praktik ist ein Gesichtspunkt, der mit ITIL 4 neu zur Bibliothek hinzugekommen ist. Beim ersten Betrachten des Namens ist anzunehmen, dass es dem Change-Prozess, welchen man aus ITIL v3 kennt, ähnelt. Allerdings ist dies nicht der Fall. Während sich der Change-Prozess mit der Vermeidung von Störungen in Zusammenhang mit durchgeführten Änderungen auf betriebstechnischer Basis beschäftigt [47], setzt sich die Organizational Change Management Praktik mit personellen, organisatorischen Änderungen innerhalb der Organisation auseinander.[48] Die Praktik spielt oft mit anderen zusammen, wie dem Continual Service Improvement oder dem Project Management. Das Organizational Change Management setzt sich zur Aufgabe, eine vorteilhafte Änderung in der Organisationsebene reibungslos umzusetzen. Zu den Aufgaben gehören, alle Bereiche zu identifizieren die vom Change betroffen sind, Widerstände durch Kommunikation oder Fachberater zu beseitigen und nachhaltig umzusetzen.[49]

Risk Management

Betrachtet man die Praktik Risk Management, fällt auf, dass diese zwar nicht Teil der ITIL v3 Prozesse war aber in vielen anderen Bereichen von ITIL v3 Eingang gefunden hat. ITIL v3 fordert unteranderem, dass ein „koordinierte Durchführung von Risiko-Assessments"[50] gewährleistet wird. Da das Thema Risiko Management erheblich zur kontinuierlichen Verbesserung und der Nachhaltigkeit beiträgt, wurde in ITIL 4 eine Praktik dafür geschaffen. Das Risk Management stellt sicher, dass „die Organisation Risiken versteht und ihnen wirkungsvoll begegnet"[51]. Ziel der Praktik ist es, die Organisation so zu sensibilisieren, dass Änderungen im Service Portfolio oder anderen Teilbereichen nicht nur Chancen aufweisen, sondern auch Risiken damit verbunden sind, die identifiziert, bewertet und behandelt werden müssen.[52]

---

[47] Vgl. (Beims, et al., 2015 S. 116)
[48] Vgl. (AXELOS, 2019 Abs. 407)
[49] Ebd. (AXELOS, 2019 Abs. 409)
[50] Vgl. (Adems, 2009 S. 119)
[51] Vgl. (AXELOS, 2019 Abs.440)
[52] Ebd. (AXELOS, 2019 Abs.443)

Service Desk

Bereits in ITIL v3 war der Service Desk ein Begriff und war als Funktion der Phase Service Operation zugeordnet.[53] Die Aufgaben und Inhalte der Funktion wurden in den Prozessen Incident-Management und Request-Fulfillment beschrieben. Mit der Einführung von ITIL 4 wurde die Funktion durch eine gleichnamige Praktik abgelöst. Die Praktik steht immer noch in engem Zusammenhang mit den übrigen Praktiken und ist die direkte Schnittstelle zum Kunden. Über den Single Point of Contact werden Nachfragen nach der Lösung von Incidents und Service Request erfasst, klassifiziert, verteilt und beantwortet.[54]

Infrastructure and Platform Management

Um den Wandel der Technologien gerecht zu werden, befasst sich ITIL 4 in dieser neuen Praktik mit der Überwachung der Infrastrukturen und Plattformen, wobei sich schwerpunktmäßig dem Cloud Computing gewidmet wird. ITIL v3 behandelt die Inhalte zwar nicht im Detail, verfügt aber im Anhang des Buches Service Stragey über eine Einführung in Cloudsysteme, weshalb nicht alle Inhalte neu sind. Die Praktik vermittelt, die Wichtigkeit einer individuellen Strategie und die Bedeutsamkeit eines Cloud Management System, um Technologien wertschöpfend einsetzen zu können. Ein erfolgreiches Infrastructure-and-Platform-Management leistet in allen Bereichen der Wertschöpfungskette mit Ausnahme des Engagement-Bereichs wie eine erfolgreiche Planung technischer Änderungen oder die Gewinnung von nachhaltigen Informationen über die Technologie.[55]

---

[53] Vgl. (Ebel, 2014 S. 716)
[54] Vgl. (AXELOS, 2019 Abs. 657)
[55] Ebd. (AXELOS, 2019 Abs. 710)

4 Handlungsempfehlung für Unternehmen

4.1 Umsetzung der Praktiken

Durch die Einführung von ITIL 4 haben sich basierend auf den erläuterten, bedeutenden Änderungen für die Abteilung einige Neuerungen ergeben. Im Folgenden soll erörtert werden, wie diese umgesetzt werden können und was dabei zu beachten ist.

4.1.1 Entwerfen eines einheitlichen Risk Registers

Mit ITIL 4 ist die Praktik des Risk Management ins Leben gerufen worden. Wie bereits oben beschrieben, wird versucht die Bedeutsamkeit gegenüber Risiken zu schärfen und ein einheitliches Verständnis dafür zu erlangen. Da es in ITIL v3 keine Empfehlung gibt, wie das Risk Management umzusetzen ist, gibt es in der Abteilung keine einheitliche Vorgabe wie Risiken behandelt werden. Derzeit erfasst und verwaltet jeder Mitarbeiter in einer individuellen Vorlage die erkannten Risiken selbst. Probleme, die hierbei entstehen, ist das Risiken vergessen werden, wenn diese nur von einer Person erarbeitet werden und es keinen einheitlichen Standards gibt. Das führt dazu, dass es nicht möglich ist, alle Risiken eines Projektes zusammenzuführen und somit das Gesamtrisiko fehlbewertet wird. Dies führt bei einer Überbewertung zu Mehrkosten und bei einer Unterbewertung zu nachträglichen, nicht überschaubaren Kosten. Werden Risiken fehlinterpretiert, wirkt sich dies negativ auf die Zusammenarbeit mit dem Kunden aus und die Wertschöpfung vermindert sich. Mit der Einführung von ITIL 4 ergibt sich nun die Möglichkeit einen Standard zu schaffen, der alle anfallenden Risiken in einer gemeinsamen Verwaltung zusammenfasst. Es empfiehlt sich ein sogenanntes Risk Register anzulegen, welches für jedermann zugänglich ist und eine einheitliche Vorlage bietet. Bei Atos gibt es zweierlei Möglichkeiten Daten für die gesamte Abteilung zur Verfügung zu stellen. Einerseits ein Laufwerk, auf welches jeder berechtigte Mitarbeiter zugreifen kann und den SharePoint, eine interne Internetseite, auf welcher Daten hochgeladen und geteilt werden können. Da bei der Nutzung des Laufwerks die Daten, die bearbeitet werden sollen, erst heruntergeladen werden müssen und anschließend editiert werden, kann es sein, dass sich die Änderungen im Risk Register überschreiben. Deshalb empfiehlt es sich, dass Risk Register auf dem SharePoint abzulegen, sodass auch mehrere Mitarbeiter kollaborativ arbeiten können und keine Änderungen verloren gehen. Da viele andere Tätigkeiten innerhalb von Excel durchgeführt werden, ist es sinnvoll auch das Risk Register in Excel einzupflegen. Somit wird gewährleistet, dass jeder Mitarbeiter mit dem Tool umgehen kann und keine zusätzlichen Lizenzkosten anfallen. Da ITIL kein Risk Register vorgibt, besteht die Möglichkeit eine individuelle, angepasste Lösung zu entwerfen. Jedes derzeit vorhandene Risk Register hat seine Daseinsberechtigung und weist Vorteile auf. Um eine einheitliche Vorlage zu schaffen, ist es wichtig, die bestehenden Register zu sichten, um herauszufinden, worauf die einzelnen Mitarbeiter Wert legen.

Damit wird verhindert, dass Praxiserfahrung verloren geht und die Akzeptanz der Standardvorlage gesteigert wird. Um im Nachgang das Gesamtrisiko eines Projektes abschätzen zu können, ist es wichtig, dass einige Felder als Pflichtfelder implementiert werden. Im Anhang wird ein mögliches Risk Register angehängt, welches als Grundlage dient und beliebig erweitert werden kann.

4.1.2 Einführung eines Organizational Change Management Team

In ITIL 4 wird beschrieben, wie Änderungen in der Organisationsstruktur zur Wertschöpfungskette beitragen. Durch die Änderungen in der Technologie werden veraltete Services eliminiert und neue geschaffen. Dies führt zu personellen Änderungen und bewirkt, dass Menschen in neue Rollen schlüpfen oder ihre Arbeitsweise ändern. Bei Atos führen Änderungen in der Struktur der Organisationseinheit oftmals nicht zum gewünschten Erfolg und liefern wenig Wertschöpfung. Dies liegt daran, dass die Änderungen von den beteiligen Mitarbeiter nicht akzeptiert und angenommen werden. ITIL 4 liefert Werkzeuge, die der Mitarbeiterunzufriedenheit entgegenwirken und wie Changes erfolgreich umgesetzt werden. In der Praxis bietet sich an, dass man ein Team gründet, welches sich mit den organisatorischen Änderungen befasst. Das Team sollte aus einer festen Konstante von einigen Mitgliedern bestehen und einige, je nach Fachgebiet, als Experten hinzugezogen werden. Es ist zu empfehlen, dass das Team nicht nur aus Managern besteht, sondern auch aus Mitarbeitern des täglichen Geschäfts, die Ihre Erfahrungen und Befürchtungen einbringen können. So wird erreicht, dass alle betroffenen Schichten des Unternehmens gehört und berücksichtigt werden. Da die Abteilung international aufgestellt ist und in unterschiedlichen Ländern agiert, ist es wichtig, dass bei Organizational Changes die ethischen Unterschiede, wie Nationalität, Kultur oder andere Faktoren berücksichtigt werden. Aus diesem Grund ist es sinnvoll bei Organizational Changes ein Mitglied im Team zu haben, welches mit den länderspezifischen Eigenheiten vertraut ist. Nachdem das Team einberufen ist, geht es an die Organisation des Changes. Zuallererst muss bei allen Beteiligten ein Dringlichkeitsbewusstsein geschaffen und der resultierende Wert verdeutlicht werden. Das Team muss außerdem dafür sorgen, dass die Führungsebene die Änderung aktiv unterstützt und gutheißt. Wurde die Idee der Änderung preisgegeben, muss das Team durch ständige Kommunikation mit dem Betroffenen erörtern, wo die Befürchtungen und Ängste liegen und versuchen diese zu eliminieren. Das Team ist außerdem dafür verantwortlich, dass rechtzeitig Schulungs- und Sensibilisierungsmaßnahmen durchgeführt werden, sodass jeder Mitarbeiter das Gefühl hat, gut auf den Change vorbereitet zu sein. Um die Nachhaltigkeit des Changes sicherzustellen ist es nach Abschluss der Änderung die Aufgabe des Teams, durch stetige Kommunikation alle Wirkungen und Folgen des Changes zu erläutert. Um für nachfolgende Organizational Changes einen Mehrwert zu generieren, ist es wichtig, dass die Erfahrungen des Teams erfasst und katalogisiert werden, sodass ein Lerneffekt eintritt.

4.1.3 Entwerfen eines Cloud Management Systems

Durch die steigende Anzahl an Technologien wächst die Infrastruktur und die verwendeten Technologieressourcen bei Atos kontinuierlich an. Umso wichtiger ist es, ein funktionierendes System zu haben, welches das Unternehmen bei der Bereitstellung und dem Betreiben von Aktivitäten unterstützt. Die vierte Version von ITIL hat nun eine Praktik geschaffen, die den Unternehmen für solche Tätigkeiten eine Best Practice liefert. Um die Wertschöpfung dieser Praktik zu erhalten, ist es für die Abteilung sinnvoll, eine sogenannte Cloud Management Plattform (CMP) zu implementieren, um „alle zusammenhängenden Infrastruktur- und Plattformkomponenten mit ihren Geschäftszielen und der gewünschten Servicequalität und betrieblichen Effizienz abzustimmen".[56] Betrachtet man die Auswahl der CMP fällt auf, dass es eine Vielzahl von unterschiedlichen Modellen und Anbietern gibt, wie beispielsweise Red Hat oder Citrix. Eine Hilfestellung bei der Auswahl des Systems bietet Gartner durch die Definition der essenziellen Funktionen:[57]

- Service Request Management
- Provisioning, Orchestrierung und Automation
- Governance und Policy
- Monitoring und Metering
- Multi-Cloud-Brokering

Für die Abteilung soll die CMP ein zentrales Portal für den Zugriff auf die CMP-Komponenten besitzen und die Verwaltungsaufgaben des Mitarbeiters bestmöglich unterstützen. Des Weiteren soll es möglich sein, alltägliche, manuelle Aufgaben zu automatisieren, um dem Teammitglied die Arbeit zu erleichtern. Der Punkt Governance und Policy stellt sicher, dass die Cloud-Ressourcen und -Services in Übereinstimmung mit den Regeln einer Organisation stehen. Da Atos weiter wettbewerbsfähig bleiben will, müssen zwangsläufig alle unterschiedlichen Cloudtypen verwendet werden. Deshalb ist ein System notwendig, das den Multi Cloud Service unterstützt. Eine weitere Funktion, die darüber hinaus für Atos wichtig ist, ist dass das System bereits vorhandene Enterprise-Management-Systeme und -Prozesse integrieren kann. Des Weiteren sollte es eine Möglichkeit des Finanzmanagements geben, um einen Überblick über die prognostizierten Kosten zu erhalten und Berichte erstellen zu können. Da Atos bereits eine Partnerschaft mit Red Hat hat, bietet es sich an, die Lösung CloudForms in die nähere Auswahl zu bringen. CloudForms ermöglicht durch die flexiblen Hierarchiestrukturen maximale Unterstützung der Prozesse und individuelle Anpassungsmöglichkeiten. Des Weiteren gibt es die Möglichkeit sogenannte SmartState Analysen durchzuführen, die das Berichtswesen unterstützt.[58] Ein weiterer Pluspunkt, ist die individuelle Gestaltung der Richtlinien.

---

[56] Vgl. (AXELOS, 2019 Abs. 710)
[57] Vgl. (Pfützner, et al., 2018)
[58] Vgl. (RedHat, 2020)

4.2 Zertifizierungen

Mit der Einführung von ITIL 4 hat sich auch der ITIL Ausbildungspfad verändert. Das Zertifizierungsschema von ITIL v3 wurde erheblich verschlankt und aktualisiert. Foundation bildet, wie auch schon bei ITIL v3 die Einstiegsebene. Nun folgen bei ITIL 4 zwei mögliche Spezialisierungsstränge für unterschiedliche Zielgruppen, zum einen ITIL Managing Professional (MP), zum anderen ITIL Strategic Leader (SP). Der höchste Zertifizierungsgrad ist der ITIL Master, wofür sowohl MP als auch SP erfolgreich durchlaufen werden muss.

Bei Atos sind grundsätzliche alle Mitarbeiter ITIL Foundation zertifiziert. Mit der Einführung von Version 4 gilt es zu entscheiden, ob eine Aufbauschulung für jeden Mitarbeiter sinnvoll ist.

Da viele Inhalte von ITIL v3 ihre Gültigkeit behalten, ist es nicht sinnvoll allen Mitarbeitern die Aufbauschulung zu ermöglichen. Die abgeschlossene, flächendeckende Schulung aller Mitarbeiter dient dazu, die Grundsteine des IT-Service Management zu vermitteln. Da sich der Grundgedanke des Service Management nicht ändert, ist es nicht effizient allen Mitarbeiter, unabhängig vom Tätigkeitsbereich, ein Update auf ITIL 4 zu geben.

Es ist anzumerken, dass viele Tätigkeiten innerhalb der Abteilung nicht direkt von den Änderungen betroffen sind, weshalb die fundierten Kenntnisse von ITIL v3 ausreichen. Beispielsweise im Bereich des Incident Management haben sich durch die Umstellung von ITIL v3 zu ITIL 4 keinerlei Änderungen ergeben. Somit würde eine Aufbauschulung lediglich Kosten und wenig Nutzen für die spezifische Tätigkeit des Mitarbeiters bieten.

Für Tätigkeiten, die direkt von den Änderungen betroffen sind und in engen Kontakt mit dem Kunden stehen, ist es allerdings notwendig die Schulung durchzuführen. Somit kann garantiert werden, dass die gebotenen Dienstleistungen immer aktuell sind. Des Weiteren kann der Kunde fordern, dass die Schulung seitens Atos vertraglich vorgeschrieben sind und es ansonsten zu Verletzungen der Service Level Agreements kommt. Auch eine Zertifizierung in Bereich des MP oder SL kann für Mitarbeiter, die täglich damit arbeiten, von Nutzen sein.

Entscheidet sich das Management, welche Mitarbeiter ein Upgrade bekommen, sollte zudem beachtet werden, in welchem Zeitraum die Schulungen durchgeführt werden. Da für viele Kunden ITIL v3 derzeit noch der de facto Standard ist, sollte individuell abgewogen werden, ob es zum jetzigen Zeitpunkt schon sinnvoll ist, die Schulung durchzuführen, da vieles Wissen durch die kontinuierliche Anwendung in der Praxis lebt.

Nachdem einige, notwendige Mitarbeiter erfolgreich zertifiziert wurden, können interne Workshops angeboten werden, die zwar keine Zertifizierung nach sich ziehen, allerdings den übrigen Mitarbeitern als Informationsquelle dienen.

5 Zusammenfassung

5.1 Kritische Reflektion der eignen Ergebnisse

Reflektiert man die gewonnen Ergebnisse fällt auf, dass die Arbeit nur einen kleinen Teilausschnitt der eigentlichen Unterschiede zwischen ITIL v3 und ITIL 4 thematisiert. Des Weiteren werden nur die Aspekte betrachtet, die für die Abteilung notwendig sind.

Da die Veröffentlichung von ITIL 4 erst im Februar 2019 erfolgte und viele Unternehmen die Umstellung noch nicht vorgenommen haben, fehlt es sowohl an praktischen Beispielen als auch an theoretischen Grundlagen, weshalb das Thema ITIL 4 lediglich anhand der offiziellen Grundlagen von AXELOS erläutert wurde. Aus diesem Grund ist auch die gegebene Handlungsempfehlung lediglich theoretisch betrachtet und nicht in der Praxis erprobt.

5.2 Fazit

Kehrt man zur Ausgangsfrage zurück, sind die Unterschiede zwischen ITIL v3 und ITIL 4 gering. Der Grundgedanke des Service Management hat sich nicht verändert und viele Prozesse wurden in den neuen Praktiken integriert. Deshalb stellt sich sowohl für die Abteilung als auch für weitere Unternehmen die Frage, weshalb die Umstellung überhaupt vorgenommen werden soll oder ob es für die Abteilung nicht besser wäre bei der alten, etablierten Version zu bleiben.

ITIL v3 bietet der Abteilung Best Practices, die in der Praxis bereits erprobt sind und maßgeblich zum Erfolg beitragen. Die Mitarbeiter wissen, wie die einzelnen Prozesse aufgebaut sind und kennen sich mit den Strukturen und Formularen aus. Allerdings kommen für die Abteilung immer weitere neue Technologien wie Cloudsysteme dazu, bei denen es in ITIL v3 keinen Ansatz gibt und die Abteilung auf sich allein gestellt ist. Betrachtet man nun ITIL 4 fällt auf, dass sich die Verfasser der Bibliothek dem Wandel in der IT bewusst sind und auch die neuen Technologien im Blick haben. Durch den ganzheitlichen Ansatz wird gezeigt, dass ein Unternehmen allein, keine Wertschöpfung generieren kann, sondern zusätzliche Aspekte notwendig sind, um sich erfolgreich zu etablieren. Dieser Ansatz bietet vor allem im Umgang mit Kunden oder Lieferanten große Entwicklungsmöglichkeiten.

Da ITIL keine Gebote herausgibt, sondern lediglich Erfahrungen teilt und katalogisiert, kann die Abteilung eine ganz individuelle Lösung erarbeiten. Hierbei muss nicht zwangsläufig komplett auf ITIL 4 umgestellt werden. Etablierte und bewerte Prozesse wie das Change-Management und das Incident-Management sollten erhalten bleiben und nur einzelne Bestandteile ausgetauscht oder neu hinzugefügt werden. Die Abteilung sollte herausarbeiten, an welchen Stellen sich Missstände ergeben haben und prüfen, ob ITIL 4 eine bessere Lösung bietet und die gewollte Wertschöpfung bringt.

5.3 Ausblick

Kehrt man zu den Themen der Handlungsempfehlung zurück gibt es auch hierbei entwicklungspotentiale in der Zukunft.

Hat die Abteilung nach der Ist-Analyse, der Standardisierung und der Erstellung es geschafft ein einheitliches Risk Register zu etablieren folgt im nächsten Schritt die Kontrolle und die Fehlerbehebung. Denn jedes noch so gute Formular wird erst beim Einsatz im Betrieb auf die Zerreißprobe gestellt. Somit ist es sinnvoll etwa ein halbes Jahr nach der Einführung eine Zwischenbilanz zu ziehen. In dieser Zeit hatten die Mitarbeiter Zeit, das Register auszuprobieren und Fehler zu entdecken. Allerdings ist auch genug Zeit vergangen, um die Frustration über das neue Formular bei Seite zu legen und objektives Feedback zu geben. Wird nun in einem Teammeeting beschlossen, dass das Risk Register gut ankommt und die Arbeit der Abteilung bestmöglich unterstützt, war die Einführung ein voller Erfolg. Stellt sich allerdings Kritik ein, muss überlegt werden, wie es dazu kommt und wie diese beseitigt werden kann.

Entschließt sich die Abteilung zu eine Aufbauschulung und anschließenden Zertifizierungen, ist es wichtig zu beachten, dass spätestens ein Jahr nach der Zertifizierung das erste Audit durchgeführt wird. Hierbei wird von externen überprüft, ob die Qualitätsziele eingehalten werden und die Maßnahmen richtig durchgeführt werden. Es resultiert ein Bericht, der vor allem für Kunden von Interesse ist. Bevor es zu einer externen Auditierung kommt, kann es hilfreich sein, vorher ein internes Audit durchzuführen. Bei einer internen Auditierung prüft ein interner, qualifizierter Mitarbeiter die Umsetzungen und gibt anschließend Feedback und Verbesserungsvorschläge.

Zusammenfassend ist zu sagen, dass die Arbeit zu einem Zeitpunkt erstellt wurde, in dem die Umstellung von ITIL v3 zu ITIL 4 in vollem Gange ist. Deshalb ist es derzeit weder für die Abteilung noch für andere Unternehmen abschätzbar, welche explizierten Änderungen oder Auswirkungen auf sie zu kommen. Es wird noch einige Jahre dauern, bis sich die Praktiken in den Unternehmen etabliert haben und es erste Praxiserfahrungen gibt. Allerdings weisen die behandelten Praktiken zukunftsfähigen Themen auf, was die Unternehmen auf Ihrem Weg zur individuellen Wertschöpfung bestmöglich unterstützt.

Literaturverzeichnis

Adems, Simon. 2009. *ITIL® V3 Foundation Handbook.* Norwich : The Stationery Office, 2009.

AXELOS. 2019. *ITIL® Foundation, ITIL 4 edition.* Norwich : The Stationery Office, 2019.

Beims, Martin und Ziegenbein, Michael. 2015. *IT-Service-Management in der Praxis mit ITIL.* 4. München : Carl Hanser Verlag, 2015.

Buchta, Dirk, Eul, Marcus und Schulte-Croonenberg, Helmut. 2009. *Strateisches IT-Management: Wert steigern, Leistung steuern, Kosten senken.* 3. Wiesbaden : Springer Verlag, 2009.

Bucksteeg, Martin, Ebel, Nadin und (u.a). 2012. *ITIL® 2011 - der Überblick - Alles Wichtige für Einstieg und Anwendung.* 1. München : Addison-Wesley Verlag, 2012.

Buhl, Ulrich und Töns, Jürgen. 2008. *ITIL-Praxisbuch: Beispiele und Tipps für die erfolgreiche Prozessoptimierung.* 2. Heidelberg : Redline GmbH, 2008.

Ebel, Nadin. 2014. *Basiswissen ITIL 2011 Edition.* 1. Heidelberg : Dpunkt.Verlag Gmbh, 2014.

Hat, Red. 2020. Red Hat CloudForms. [Online] Red Hat, 2020. [Zitat vom: 23. Juni 2020.] https://access.redhat.com/products/red-hat-cloudforms.

Pfützner, Matthias und Karlstetter, Florian. 2018. Cloud Computing Insider. *Verwaltung heterogener IT-Umgebungen - Multi Cloud macht Cloud-Management unverzichtbar.* [Online] Vogel Communications Group, 2. Oktober 2018. [Zitat vom: 8. Juni 2020.] https://www.cloudcomputing-insider.de/multi-cloud-macht-cloud-management-unverzichtbar-a-758574/.

Schäfer, Tom. o.D. Marketing Instrumente. *Produktlebenszyklus.* [Online] o.D. [Zitat vom: 21. Mai 2020.] http://marketinginstrumente.net/marketing-analysen/produktlebenszyklus/.

Stewart, John S. 2013. Der Gründungsvater von ITIL John S. Stewart erinnert sich in seinem Blog an die Anfänge von ITIL. *How ITIL started.* [Online] 11. Februar 2013. [Zitat vom: 16. Mai 2020.] https://internationalbestpracticeinstitute.wordpress.com/2013/02/11/how-itil-started/.

Anhang

Beispiel Risk Register

Risikoregister

Projekt	Beispiel 1
Projektleiter	Berta Bieber

Kosten des Gesamtrisiko	150.000,00 €

Risiko ID*	Name des Risikos*	Beschreibung*	Name des Melders	Datum der Identifikation	Eintrittswahr-scheinlichkeit*	Geschätzte Auswirkung*	Risikoeigentümer	Risikobearbeiter	Risiko Maßnahme	zugeteiltes Risikobudget*	Status des Risiko	zu informierende Personen
1	Ausfall Telefonanlage	Durch einen technischen Defekt kann die Telefonanlage ausfallen, was die Erreichbarkeit des Service Desk gefährdet	Hans Hase	08.06.2020	mittel	Downtime des Service Desk, SLA Verstoß	Fritz Fuchs	Lisa Lachs	Einrichtung einer zweiten Anlage, die über getrennte Infrastruktur verfügt	150.000,00 €	in Steuerung	Leo Löwe

* Pflichtfelder

Abbildung 6 - eigene Darstellung